오늘의문학시인선
384

철원, 평화를 노래하다

이 세 영 시집

오늘의문학사

목 차

어서 그런 날이 왔으면 좋겠다	4
DMZ	6
철원鐵原	9
철모鐵帽위에 핀 꽃	12
철마鐵馬는 달리고 싶다	13
지뢰地雷밭 숲 섬	16
노동당사	17
백마고지白馬高地	20
백마고지역白馬高地驛	24
평화전망대平和展望臺	26
제2땅굴	28
아이스크림 고지	32
소이산	33
승리전망대勝利展望臺	35
금강산 철교金剛山 鐵橋	38

태봉국泰封國 옛 터	40
철원역鐵原驛 옛 터	42
평강철원고원	45
한탄강漢灘江	47
고석정孤石亭	50
두루미 가족	52
직탕폭포	54
토교저수지土橋貯水池	56
삼부연 폭포三釜淵瀑布	59
금학산金鶴山	61
명성산鳴聲山	64
산명호	66
승일교	68
철원제일감리교회	70
세계평화공원世界平和公園의 꿈	73

어서 그런 날이 왔으면 좋겠다

이제
더 이상
평화전망대平和展望臺에 올라
눈물을 흘리며
그리운
어머님 사진을 올려놓고
울지 않아도 될 날이
왔으면 좋겠다

이제
더 이상
가슴 조이며 저 북녘땅을
바라보지 않아도 될 날

남북이 얼싸안고
가슴 터지도록 기뻐 소리칠 날

가슴이 벅차올라 산이 떠나갈 듯
외쳐 보고픈 그런 날
그 통일統一의 날이
어서 왔으면 좋겠다

어서어서 그런 날이 왔으면 좋겠다

남북통일과 세계평화를 위해 한 어린이가 간절히 기도하고 있다.

이 천진난만한 어린이가 살아갈
이 땅은 전쟁도 미움도 없는
참으로 아름답고도 평화로운 땅이 되길
간절히 소망해 본다.

DMZ

60여 년의 세월로 엮인
녹슨 철조망을 바라보면서
언제나 봄이 올까
그리도 간절히 소망해 본다

남들은 사계절이 뚜렷하다고들 하지만
봄·여름·가을 없는 차가운 겨울만 있는 곳
남들은 때 묻지 않은 천혜의 땅이라지만
따스한 사람들의 온기가 그리워
매일 밤 슬피 울고 또 울고 있는 곳

사슴이 뛰어놀고
온갖 들꽃들이 지천으로 피어나며
맑은 물 새소리 더없이 좋은 곳이지만
사무친 그리움에 철책을 부여잡고 울부짖는 곳

철새들만 마음대로 남과 북을 오고 가니
하늘 나는 철새 떼 물끄러미 바라보며
그리운 고향 소식 전해 달라
간절하게 손짓하는 곳

원수처럼 눈을 부릅뜨고
매일같이 서로를 비방하며

당장이라도 총질을 해대며 으르렁거리지만
한 핏줄 따스함이 온몸으로 달아오르는 곳

언젠간 철벽이 무너지는 날 가장 먼저 달려가
서로를 뜨겁게 포옹할 곳

DMZ(비무장지대)의 적막하고도 더없이 평화로운 모습

안개가 끼어 뚜렷하지는 않지만
60여년간 분단의 아픔을 고스란히 품어 안은 평화의 새싹이
움트고 있는 DMZ(비무장지대)이다.

철원鐵原

태봉국泰封國 궁예의 숨소리 살아 숨 쉬고
평화롭게 펼쳐진 곱디고운 평원
봄이면 진달래 철쭉꽃 온 산에 가득 피고
잣나무 늘 푸른 동주東州라 하던 마을
평강에서 임진강 굽이굽이 한탄강漢灘江
직탕폭포 고운 물결
순담의 맑은 전설
신라 진평왕 고려 충숙왕
즐겨 찾아 노닐던 고석정엔
임꺽정 의로움이 솔잎마다 푸르르네
강원골 처음 울린 정겨운 기적소리
금강산 오고 가던 옛이야기 가득한 곳
치열한 싸움으로 꽃도 피지 못한 젊은 영혼
눈 뜨고 잠이 들고
형님은 북철원北鐵原
아우는 남철원南鐵原
이산의 아픔이 여전한 곳
서울과 원산 오가던 철마鐵馬
녹이 슬어 붉은 눈물 흘리며
무너진 허리 간신히 부여잡고
다시 달릴 그 날을 기다리는 곳

철원鐵原이 다시 깨어나는 날
철벽같은 분단의 벽이 허물어지고
남북이 얼싸안고 덩실덩실 춤을 추는
통일의 한마당 철원鐵原이어라

김일성이 6.25전쟁 당시 남한에 뺏기고 3일간 통곡했다는 철원평야

철모鐵帽 위에 핀 꽃

철원평야鐵原平野
그 넓은 땅을 마다하고
하필이면 그 답답하고 비좁은
철모鐵帽에 난 총탄구멍으로
고개를 내밀었구나

그 사연을 말하지 않아도 안다

젊은 나이에
굶주려 짐승처럼 몰려오는 이리떼를 맞으며
빗발치던 총탄을 머리로 가슴으로 막다가
더 이상 감당하지 못해
앉은 자리
그 자리에서 쓰러진 영혼

그 영혼을 달래주기 위해
그렇게 아름다운 꽃을
그렇게 숭고한 꽃을 피웠구나

그 꽃 사이로 청년이 수줍게 웃고 있구나

철마鐵馬는 달리고 싶다

태봉국泰封國 언저리
차가운 새벽이슬 맞은 지
어언 60여 년

이제는
빨갛게 녹이 슬고
허리가 무너져
바닥에 내려앉은 철마鐵馬
그래도 기운을 차리고
북녘땅을 향해 달려갈 날만
기다리고
또 기다리고
또 기다리고

하늘 날아 남북을 마음대로 오고 가는
두루미를 바라보며
두루미처럼
북녘땅을 향해
힘차게 달려갈 그 날만을
기다리고
또 기다리고
또 기다리는구나

오늘도 철마鐵馬는
통일의 기쁜 소식 안고
달리고 달리고 달리고 싶다 하네

녹슬어 허리가 무너지면서도 다시 달릴 날을 기다리는 월정리역의 녹슨 철마鐵馬

북녘땅을 향해
힘차게 달려갈 그 날만을
기다리고
또 기다리고
또 기다리는구나

지뢰地雷밭 숲 섬

나뭇가지 뒤엉켜
원시림 같은 숲
철조망 사이사이
빨간 표지판에
지뢰地雷라는 글씨가 선명한 곳

육지의 무인도처럼
발길 닿지 않는 곳
가끔씩 들짐승들만
자신들의 천국인 양
펄쩍펄쩍 뛰어다니는 곳

언뜻 보기엔
평화로운 숲 같은데
전쟁의 상처가 고스란히 묻혀있는 곳
지뢰地雷밭 숲 섬이 되어
덧없이 세월만 세고 있구나

노동당사

노동당사
참혹했던 전쟁의 비극
온몸으로 품어 안은 채
그때의 끔찍했던 참상을 전하려는 듯
여전히 그 자리에 그대로 서 있구나

총탄 자국으로
온몸 곰보가 되고
세월에 씻겨 나가
앙상한 골격만 남아있어도
다시는 이 땅에 참혹한 전쟁이
있어서는 안 된다 전하려는 듯
여전히 그 자리 그대로 서 있구나

뒷산 동굴 속
체포, 학살, 고문을 말해주는
수많은 실탄과 철삿줄이
수북하게 쌓여있고
주변으로 무성한 잡초만 가득하지만
하루빨리
하루빨리
이 땅에 통일이 오길 바라는 간절함 품어 안고
여전히 그 자리 그대로 서 있구나

이 땅에 통일이 오길 바라는 간절함 품어 안고
여전히 그 자리 그대로 서 있구나

노동당사 외부 모습

노동당사 내부 모습

백마고지 白馬高地

죽는 한이 있더라도
한 치의 땅
적에게 넘겨줄 수 없어
가슴으로 적탄을 막아내며

쓰러진 전우의 시체를 넘고 넘어
10일 동안 오르고 내리기를 스물네 차례
이십칠만여 발의 포탄이 비 오듯 쏟아지니
나무 한 그루 풀 한 포기 흔적도 없는
피로 얼룩진 민둥산

김종오, 임익순, 김영선
김봉철, 이대철. 이주일
최창용, 전부일, 강승우
안영권, 오규봉, 김경진
이성적, 김광수……
빛도 이름도 없이
조국을 위해 죽어간 9사단 장병들

죽어서까지 자신을
고지를 오르는 계단으로 내어주고
죽을 줄 알면서도 너나없이 앞장섰던 전우들
그 위대한 피 값으로

이 땅의 평화로움 이어지고
평화의 땅 철원鐵原이 더없이 빛이 나네

그 위대한 피 값으로
이 땅의 평화로움 이어지고
평화의 땅 철원이 더없이 빛이 나네

DMZ 안보현장 순례길에 백마고지를 바라보며 설명을 듣는 대학생들

조국의 자유와 평화통일을 위하여 목숨을 바친 용사들을 위한 백마고지 위령비

백마고지역 白馬高地驛

백마고지白馬高地 전투에서 이름을 따
백마고지역白馬高地驛 이라 했다네

동해엔 동해북부선 제진역
철원엔 백마고지역白馬高地驛
어서 빨리 북으로 이어져
남북을 하나로 연결하는 핏줄이 되었으면 좋겠다

다행스럽게
2015년 8월 5일
월정리역까지 가는 연장선이 착공되면서
조금 더 가까이 북녘으로 다가서게 되니
철도가 연결되는 날
통일의 꿈을 가득 안고
평화열차DMZ train를 타고
숨이 차도록 달려가 보련다

그리고 언젠가 이어질 북녘의 철길에
통일을 소망하는
꽃씨를 뿌리고 오리라

* 강원도 철원군 철원읍 대마리 북으로 가는 경원선 끝자락에 자리 잡은 역驛

그리고 언젠가 이어질 북녘의 철길에
통일을 소망하는 꽃씨를 뿌리고 오리라

'철마鐵馬는 달리고 싶다' 철도 종단점에 선 필자

평화전망대 平和展望臺

모노레일에 몸을 싣고 올라서니
막혔던 가슴이 탁 트여
양팔을 크게 벌리고
마음껏 야호라 외쳐보고 싶은 곳

그러나 불어오는 바람결에 실려 온
못다 핀 어느 무명용사의 슬픈 노래에
넋을 잃은 사람처럼
한참이나 물끄러미 북녘땅을 바라보고는
아픈 마음으로 발길을 되돌리는 곳

지척이 북녘땅인데
더 이상 가지 못하는 마음 저린 땅
옛 태봉국 泰封國 자리엔
잡초만 무성하고
철원평야 鐵原平野 넓은 뜰 한눈에 보이는 곳

평화에 목말라 수많은 사람들이 올라
두 손이 닳도록 빌며
평화를 기원하는 평화의 동산

통일이 되는 날
평화전망대 平和展望臺에 남북이 함께 올라
대한의 노래 목청껏 불러나 보세

북녘땅을 지척에 두고 오고 가지 못하는 안타까운 마음으로
망원경을 통해서라도 북녘땅을 바라보고 있다.

평화전망대에서 평화를 기원하며 북녘 땅을 바라보는 방문자들

제2땅굴

천연덕스럽게도
평화와 화합의 분위기가
무르익어 가고 있을 때
북한은 두더지처럼 땅굴을 파고 있었네

그렇게 파 내려온 땅굴이
1974년 연천에서
1975년 철원에서
1978년 파주에서
1990년 양구에서 발견되었다네

제2땅굴
국토의 중앙을 관통하여
군사분계선 남쪽으로 1.1km까지 총 3.5km
높이 2m, 폭이 2.2m이니
1시간에 3만 명이 줄지어 내려올 수 있다니
생각만 해도
온몸이 떨려오네

그 당시 이기태 상병과 김효섭 일병이
땅속 깊은 곳 폭음소리를 듣고
땅굴을 수색하여 발견된 땅굴
안타깝게도 수색 중에

김호영 중사, 김재대 중사
이현기 하사, 김홍섭 하사
김명식 하사, 송영복 병장
김영용 병장, 김봉래 병장이
고귀한 목숨을 잃어
그 자리 땅굴 입구
기념비에 이름만 남긴 채
비가 오나 눈이 오나
땅굴을 지키고 있네

아마도 북한은
땅굴에 대한 미련을 버리지 못하고
오늘도 비밀리에
또 다른 어느 곳
땅굴을 파고 또 파며
남침의 기회만을
호시탐탐 노리고 있겠지

제 2땅굴 앞의 위령탑

땅굴 내·외부 모습

아이스크림 고지

포탄이 얼마나 쏟아졌으면 아이스크림이 녹아내리는 듯
아이스크림 고지라 했을까

철원평야鐵原平野 한가운데
높지도 않은 나지막한 산
단숨에 오르니 사방이 한눈에 들어오네

또다시 전쟁이 일어나면
주민들 피난처로 사용할 곳이라며
산속엔 커다란 벙커가 자리하고 있네

여기저기 피로 얼룩진 산병호
그 땅을 밟고선 산꼭대기 경계병들
북녘땅 매섭게 응시하며
죽어서도 이 땅을 지키는 영혼들과 함께하네

몸을 던져 나라를 지키다가 세상 떠난
수많은 영혼들을 위로하듯이
아이스크림 고지는
아이스크림 녹아내리듯
오늘도 소리 없이
눈물을 흘리고 있네

소이산

저기가 백마고지
저기는 저격능선
저기가 북한초소
저기는 평화전망대
저기가 DMZ평화문화광장
저기는 노동당사
저기가 김일성 고지
저기는 오성산
저기가 철원평야
소이산에 오르니 사방이
초록빛 눈망울에 가득 담겨오네

에덴동산 같은 평화로움에
날개 달고 훨훨 날아보고 싶은데
여기저기 전쟁의 상처 남아있어
저려오는 아픔에 눈물이 앞을 가리네

통일이 되는 날
제일 먼저 북녘땅을 향하여
기지개 켤 준비를 마친 소이산

통일의 벅찬 소식을
옛 고려의 봉수대를 깨워

남으로 양주, 서울, 수원, 대전, 대구, 광주, 부산, 목포로
북으로 회령, 길주, 함흥, 영흥, 경흥, 안변까지
전할 날만 간절히 간절히 기다리고 기다리네

소이산에서 바라본 백마고지와 철원평야에서 평화를 기원하는 필자

승리전망대 勝利展望臺

전즉필승戰卽必勝
그래서 승리전망대勝利展望臺라 했나보다

화강花江이 남북을 사이에 두고
평화롭게 흐르고
강 주변으로 계절마다 피는
꽃들이 비단처럼 아름다워라

전망대에 오르니
북쪽으로 오성산, 저격능선, 아침리 마을
하소리 협동농장, 북측초소
남쪽으로 대성산, 적근산, 삼천봉이
손에 잡힐 듯 가까워 보이고
곧바로 108킬로미터만 내리달리면 서울
동쪽으로 70킬로미터만 달리면 춘천春川이라네

산 아래 바로 앞이 북녘땅이니
남북이 통일로
하나 되는 날
숨 가쁘게 전망대展望臺에 달려올라 목청껏 외쳐보련다
우리 모두의 승리라고

* 철원군 근남면 마현리 1969번지 휴전선 155마일 정 중앙에 위치한 전망대

전즉필승 戰卽必勝
그래서 승리전망대라 했나보다

금강산 철교 金剛山 鐵橋

정겨운 삶의 이야기 가득 싣고 오가던 철길
지금도 정겨운 기적소리 귓전에 맴돌고
언젠가 다시 달릴 날 고대하며
녹슨 채 말없이 그 자리 누워있구나

1931년 첫 기차 기적소리 울리고
매일 여덟 번씩 운행
쌀 한 가마니 값 칠원 오십 육전
그리 비쌌는데도
당시 이용객이
십오만 사천여 명이나 되었다니
정말 인기도 많았나 보다

2004년에야
근대문화유산 近代文化遺産 으로 등록되어
그 의미가 더해졌지만
철길의 오직 하나뿐인 간절한 소망은
남북형제들이 함께 기차를 타고
마음대로 남북을 오가는 모습을
벅찬 설렘으로 지켜보는 것이라 하네

• 철원군 갈말읍 정연리에 철원역에서 내금강까지 116km

십오만 사천여 명을 싣고 금강산을 오가던 철교(끊어진 금강산 철길)

태봉국泰封國 옛 터

야심가 궁예는
기울어져 가는 신라의 모습에
고구려 부활의 원대한 꿈을 품고
901년 후 고구려를 세워
철원을 수도로 하여 도성을 세웠다네

새로운 세상 열기 위해
기인처럼 몸부림쳤으나
18년 짧은 기간,
왕건에게 왕좌를 내어주고
쫓겨나는 신세를 겪으니
역사의 슬픈 흔적 궁예 도성이
DMZ 한복판 그대로구나

어서어서 남북이 손을 잡고
궁예 도성 복원하여
평화의 장場으로 만들어 보세

남북 그리고 세계인들이 함께하는
평화의 시市를 만들어
대동방국大東方國의 꿈을 피워 보세

대동방국大東方國의 꿈을 안고 궁예가 세웠던 도성(DMZ 내에 위치)

철원역鐵原驛 옛 터

철원군 철원읍 외촌리
경원선과 금강산선을 연결하는 철도역
치열했던 철의 삼각지 모든 전투 고스란히 지켜보고
아직 그날의 아픔 가슴에 품어 안고 있는 곳

일제 강점기
경원선에서
오만여 평 넓은 터에
용산, 원산역과 버금갔던 역
오고 가는 사람 많아
팔십여 명 직원들이 바쁘게 일했던 곳

한국 전쟁으로 폐역된 지 수십 년
언젠가 복원되리라는 간절한 소망을 담은
"통일염원의 침목"이란 상징탑의 글귀만이
자꾸만 자꾸만 눈에 선하네

* 1912년 10월 21일 : 경원선 연천 – 철원 간 개통으로 개업
  1913년 7월 10일 : 경원선 철원 – 복계 간 연장 개통
  1924년 8월 1일 : 금강산선 철원 – 김화 간 개통
  1928년 : 역사 신축
  1934년 6월 9일 : 구내 과선교 및 승강장 지붕 설치
  1945년 ~ 1950년 : 소련 군정 및 조선민주주의인민공화국에 의해 운영됨
  1950년 경 : 한국 전쟁 발발로 자연히 폐지
  1988년 : 승강장의 잔해를 현 위치로 이전 복원
  2006년 5월 3일 : "통일염원의 침목" 상징탑 건립
  2015년 8월 5일 : 경원선 백마고지 – 월정리 단선 비 전철 복원 구간 기공식
  백마고지역 개최

지금은 백마고지역까지만 갈 수 있지만 언제라도 북녘땅으로 달려갈 준비를
마치고 오늘도 힘찬 기적을 울리며 서울과 백마역을 오고 간다.

일제 강점기 5만여 평에 이르러
용산, 원산역에 버금가던 철원역이
다시 깨어나기 시작

평강철원고원

평강군과 철원군 일대
세포군과 검불랑 북동쪽 분화구에서 용암이 분출하여
남쪽으로 흘러내러 생긴 고원

임진강
역곡천
평안천
한탄천이 흐르고

봉래호
감둔저수지
어룡저수지 등이 자리하여
주변 산엔 소나무, 떡갈나무, 신갈나무 가득하니
더없이 평화로운 고원이라네

광복 전 일본군 군마연습장이 있던 곳
광복 후엔 농업생산기지로 알려진 곳

강원선철도와
세포~김화, 이천~김화, 철원~평강 간 도로가 통과하니
통일이 되는 날 그 길 따라
남북이 손을 잡고 오고 가리라

평강군과 철원군 경계선 부근의 DMZ 전경

한탄강 漢灘江

화산이 폭발하던 날
평강에서
김화
철원
포천
연천
전곡을 따라
임진강에 이르는 물길이 생기니
남북의 허리를 감싸 안고
분단의 아픔을 녹여주는 강江

북으로 간 형님
남에 남은 누나
언제나 만날지 기약이 없어
주상절리 암벽 따라 수많은 사연 안고
먼 길 서해 바다로
말없이 말없이 흘러가는구나

한탄강漢灘江의 이야기
남대천
영평천
차탄천에 꽃잎 되어 피어나네

통일되는 날
한탄강漢灘江은 덩실덩실 춤추며 흐르리라

한 여름 고석정 부근에서 바라본 한탄강 비경

남과 북을 이어주는 자연이 준 천혜의 강,
오늘도 유유히 흐르면서 애잔한 과거 역사의 이야기를 전해주고
통일이 되는 날을 묵묵히 기다리면서 고요히 흐른다

한 겨울 고석정 부근의 내려다본 한탄강 설경

고석정孤石亭

신라 진평왕
가던 길 멈추고
한탄강漢灘江 풍경에 도취되어
석굴 암벽에 시 한 수 새겨 놓고
배를 타고 세월을 노래했던 곳

조선 명종왕 때
의적 두목 임꺽정이 머물며
조공물 탈취하여 빈민을 구제하니
고석정孤石亭하면
의리의 사나이 임꺽정이 떠오르네

어지러운 세상
의적의 흔적 찾아
전국 곳곳 찾는 이들 들썩이니
고석정 옛이야기 꽃이 되어 피어나고
정자엔 웃음소리
강에는 뱃노래가
계곡마다 가득하네

남북이 하나 되는 날
임꺽정과 배꼽을 훤히 내어놓고
한바탕 너털웃음 웃어가며
혼자 있던 외로움을 날려나보세

임꺽정의 이야기가 서려있는 고석정(임꺽정이 기거했다는 바위동굴이 보임)

두루미 가족

지구촌에 이천여 마리밖에 없는
귀하고 귀한 철새 두루미
겨울이면 잊지 않고
평화의 뜰
철원평야鐵原平野를 찾아 날아들 오네

암수 모두 흰색으로
붉은색 돌기 멋스럽게 나와 있고
날갯짓 우아하니 철새의 꽃이라네

겨우내 철원 뜰
가족끼리 옹기종기
작은 벼알, 돌피씨, 우렁새끼 쪼아대며
오고 가는 사람에게 행복미소 선사하네

이월 말 저녁노을 붉게 물들 때
철원 하늘 한 바퀴 돌며 감사인사 남긴 채
내년 겨울 다시 올 것 약속하고는
먼 길 재촉하며 떠나는구나

다시 돌아오는 내년에는
오는 길에 북녘땅에 들러
평화의 씨앗
듬뿍 뿌리고들 오게나

지구촌에 2,000여 마리 밖에 없다는
귀중한 철새 두루미들의 군무

직탕폭포

철원군 동송읍 장흥리長興里
한탄강漢灘江 하류에 형성된 폭포
임꺽정林巨正 거처했던
고석정孤石亭 근처

한탄강漢灘江의 양안에 장보長洑처럼
일직선으로 가로놓인 높이 삼에서 오 미터
길이 팔십 미터의 거대한 암반을 넘어
거센 물이 수직으로 쉼 없이 쏟아져 내리니
그 모습 볼수록 장관이구나

철원 팔경
한국의 나이아가라 폭포
전국 곳곳에서
낚시꾼과 행락객이 끊이지 않고
폭포 위로 가로놓인 번지 점프대엔
젊음의 함성소리 계곡마다 가득하구나

남북이 하나 되는 날
통일이 되는 날
손에 손을 잡고 어린아이처럼
직탕폭포에서 멱을 감고
가슴 활짝 펴고 함께 점프대에 올라
훨훨 날아 뛰어도 보세

한탄강에 펼쳐진
한국의 나이가라 폭포라 불리는 멋진 직탕폭포

토교저수지土橋貯水池

사기막과 송내동에서 흘러들어
양지리
대위리
장흥리
오덕리 일대에
더없이 소중한 생명수

주변 경관 빼어나고
맑은 물
물 반 고기 반 각종 어류 여유롭게 노니는 곳

멸종 위기
두루미
어김없이 날아와 겨울나는 곳

남북이 하나 되는 날
토교저수지土橋貯水池는
평화를 위해 싸우다 잠든 영혼들이 깨어나
몸단장하는 평화의 호수가 되리라

* 철원군 동송읍 양지리 민통선 북쪽 제2땅굴 진입 도로변 1976년 토축된 인공저수지

철원을 찾은 각종 철새의 안전한 잠자리이며 철원평야의 젖줄인 토교저수지

겨울이면 변함없이 찾아오는 두루미처럼
이제는 통일도 그렇게 아름답게 다가왔으면 한다

삼부연 폭포 三釜淵 瀑布

계곡 타고 내려온 시냇물
한자리에 모여
석벽에 거꾸로 걸리면서
삼층의 돌 구덩이 만들어 내니
마치 세 개의 가마솥 같아
삼부연三釜淵 이로구나

도를 닦던 네 마리 이무기
폭포 기암 하나씩 뚫고 용으로 승천하여
용화동龍華洞 마을 구름처럼 펼쳐 놓았구나

계곡 따라올라
삼부연三釜淵 폭포 앞에 서니
세상 모든 염려 씻은 듯이 사라지네

노귀탕
솥탕
가마탕
신기함이 가득하니
삼부연三釜淵 폭포에
모든 속세 털어나 보세

* 철원군 남쪽 갈말읍 신철원리에 위치한 높이 20m의 폭포

한여름 삼부연 폭포의 시원하고도 아름다운 모습

금학산金鶴山

학이 살포시 내려앉아
오지리 방향으로 오른쪽 날개 펼치고
이평리 방향으로 왼쪽 날개 펼쳤구나
그 날개 품 안에서 뻗어 나온
초장족初長足 이장족二長足 마을은 학의 발이로구나
도선국사가 궁예에게
금학산金鶴山을 진산으로 도성을 정하라 하였지만
이를 어긴 궁예가 고암산에 정하여
예언대로 십팔 년 만에 멸망하니
여전히 그때의 애절함이 고스란히 배어 있구나

깃대봉 정상에는
남이장군 용마가 나왔다는 용탕龍湯
궁예가 소원 빌던 칠성대七星臺
마애석불 부도석재浮屠石材가 역사歷史를 말해주고

매바위
용바위
칠성바위
탱크바위 기암들이 위용을 자랑하며

봄이면 진달래 가득 피고
가을이면 산자락 반은 단풍이 춤을 추는 산
금학산金鶴山은 철원의 어머니며
옛 역사歷史의 숨소리일세

* 철원군 동송읍 이평리에 위치한 947m 높이의 산

철원을 대표하는 명산으로 철원 역사의 숨소리가 가득한 산

명성산鳴聲山

삼부연폭포三釜淵瀑布
등용폭포登龍瀑布
비선폭포飛仙瀑布
석천곡石泉谷이 하나 되어 어울리는 산

왕건에게 쫓긴 궁예가
최후 결전을 벌이다가
군사를 해산하고
땅을 치고 통곡하며 울었던 산

궁예의 은신처 궁예왕굴弓裔王窟
궁예 군사에게 항복하는 항서를 받은 항서받골降書谷
궁예가 단신으로 평강으로 도망간 패주골
궁예가 도주하면서 흐느껴 울었던 눌치訥雉
비통한 궁예의 한숨 소리 이곳저곳 서려 있네

명성산鳴聲山에서 발원한
명성천鳴聲川에 물이 가득하고
억새가 춤을 추는 가을날
명성산鳴聲山에 올라
궁예와 마주하여 옛이야기 들어나 보세

* 철원군 갈말읍 신철원리에 자리 잡은 922m 높이의 산

가을 억새풀이 장관이다
주변 경관과 어울려 가을이면 수많은 등산객들이 찾는 곳이다

왕건에게 쫓긴 궁예가 최후 결전을 벌이다가 땅을 치고 통곡하며 울었던 산

산명호

이 땅 인공호 가운데
순수한 어류만을 품고 있는 호수

묵납자루
줄납자루
긴몰개
돌마자
참결겨니
참붕어
피라니
긴몰개
붕어
쏘가리
가물치
메기들이 평화롭게 노니는구나

민통선 안이라
마음대로 가볼 수는 없지만
통일이 되는 날
남과 북의 어류가 함께
힘차게 꼬리를 치며
평화의 물결 파도처럼 일으키리라

* 일제치하인 1930년에 준공한 인공호로 총 저수용량은 372만t,
  유역면적은 4천 670ha에 이름

승일교

철원군 동송읍 장흥4리와
갈말읍 문혜리를 이어 주는
한국의 콰이강 다리

1948년 이전에는 북한 땅
북한이 먼저 기초와 교각 공사를 시작하였으나
6.25전쟁으로 중단되었다가
휴전 이후 한국 땅이 되니
1958년 남한에서 마무리 공사로 완성되었다네
승일교라 부르는 것은
6.25전쟁 때 한탄강을 건너 북진하던 중 전사한
박승일朴昇日 대령의 이름에서 유래되었다는데

남북이 함께하여 이어진 다리 이제 남북이 하나 되어
통일 다리로 이어지기를 간절하게 소망해 보네

통일되는 날
남북이 하나 되어 손에 손을 잡고
우리는 하나라, 목청껏 외치며 승일교를 건너나 보세

* 2002년 5월 31일 등록문화재 제26호로 지정. 강원도 소유이며 철원군수가 관리
  총 길이 120m, 높이 35m, 너비 8m

세월의 흔적과 함께
6.25전쟁의 아픔이 고스란히 느껴지는 옛 다리의 모습이다

6.25전쟁 때 한탄강을 건너 북진하던 중 전사한 박승일 대령의 이름에서 유래

철원제일감리교회

80여 년 전 평화의 땅 철원
백마고지白馬高地가 훤히 바라보이는 곳
민족의 독립과 평화를 꿈꾸며
철원의 삼만 인구와 함께
평화롭게 살던 곳에 철원제일감리교회가 자리 잡았네

일제시대 민족적 고통 속에서도
박연서 목사와 청년들이 분연히 일어나
강원도에서 가장 먼저
삼일만세운동과 철원애국단 활동을 펼친 곳
선교와 애국운동 중심지라네

6.25전쟁 중
가장 치열한 전투가 벌어진 곳
인민군 병영으로 사용하며
온갖 만행으로 고통스럽게 죽어간 사람들의
통곡 소리 여전히 가득한 곳

전쟁 중 포격으로 파괴되어 몇 조각 흔적이 전부이지만
여전히 그 자리에 남아
이제는 통일의 그 날 위한 기도 소리 끊이지 않는구나

* 대한민국 근대문화유산 23호
* 1905년 설립(1937년 이전건립, 이화여대본관 설계자인 윌리엄 보리스가 설계)
* 1930년대 장년 337명, 주일학교학생 3백여 명 출석

강원도에서 가장 먼저 삼일만세운동과 애국단 활동을 펼친 선교와 애국운동 중심지

옛 철원제일감리교회터 옆에 새롭게 자리 잡은 철원제일교회

세계평화공원世界平和公園의 꿈

분단의 아픔으로 흘린 눈물
한탄강漢灘江 물줄기 되어
흐르고 또 흐르는데
만나자던 부모형제 헤어진 지 수십 년
이제 이름조차 기억하지 못하는 늙은이 되어
응어리진 아픔 그대로 껴안은 채
오늘내일 죽을 날만 기다리는구나

죽기 전에
한 번 보고픈 얼굴이라도 보고
세상을 떠나면 소원이 없건만
세월은 오늘도 속절없이 흘러만 가는구나

이젠 얼마 남지 않은 세월
평생의 소원이 있다면
남북이 어울려
온 누리 사람들이 어울려 덩실덩실 춤을 출 수 있는 곳
그런 장場이 열렸으면 얼마나 좋을까

모두의 가슴을 설레게 하는 세계평화공원世界平和公園이
6.25전쟁 당시 가장 치열한 전투가 벌어진 곳
국토의 허리 통일의 꿈을 품은 곳
태봉국泰封國 역사가 숨 쉬는 철원에
하루빨리 조성되었으면 얼마나 좋을까

세계평화공원世界平和公園이 조성되는 날
통일은 기지개를 켜고 새벽이슬처럼 다가오리라

철원 DMZ평화문화광장에 남북통일과 세계평화를 기원하기 위해 설치된 평화의 종

전 세계인들이 평화의 땅
철원으로 모여 어깨를 나란히 하고 마음껏 평화를 노래하는 날이
하루라도 빨리 왔으면 좋겠다

한반도의 항구적인 평화
정착을 간절히 소망하면서 세계평화공원이
철원 들녘에 조성되기를 변함없이 바래본다

세계 평화의 상징지역인 철원에 DMZ세계평화공원이 조성되기를 바라며
구상한 공원조성안

Women washing clothes in the shanty town of the Cheonggyecheon which has grown up on the ruins of Seoul. We can see a steel battle helmet used as a water bucket which they might find at the ruins.
Date: October 1, 1950 - Photo Credit: US Army

새벽닭이 울면 통일이여 오라!
이 땅에 영원한 평화가 꽃피리라!

철원, 평화를 노래하다

이세영 시집

발 행 일	2016년 12월 20일
지 은 이	이세영
발 행 인	李憲錫
발 행 처	오늘의문학사
출판등록	제55호(1993년 6월 23일)
주　　소	대전광역시 동구 대전로867번길 52(한밭오피스텔 401호)
전화번호	(042)624-2980
팩시밀리	(042)628-2983
전자우편	hs2980@hanmail.net
다음카페	cafe.daum.net/gljang 문학사랑 글짱들
다음카페	cafe.daum.net/art-i-ma 아트매거진(아띠마)

공 급 처	한국출판협동조합
주문전화	(070)7119-1752
팩시밀리	(031)944-8234~6

ISBN 978-89-5669-791-8
값 9,000원

ⓒ이세영, 2016

* 이 도서의 국립중앙도서관 출판예정도서목록(CIP)은 서지정보유통지원시스템 홈페이지(http://seoji.nl.go.kr)와 국가자료공동목록시스템(http://www.nl.go.kr/kolisnet)에서 이용하실 수 있습니다.(CIP제어번호: CIP2016031488)

* 이 책은 ㈜교보문고에서 E-Book(전자책)으로 제작하여 판매합니다.
* 잘못 제작된 책은 바꾸어 드립니다.